Magia blanda

Magia blanda

Upile Chisala

Traducción de Elia Maqueda

Rocaeditorial

Título original: *Soft Magic*

Publicado por primera vez en Estados Unidos por Andrews McMell
Publishing, un sello de Andrews MacMeel Universal, Kansas City,
Misuri.

© 2019, Upile Chisala

Primera edición: octubre de 2021

© de la traducción: 2021, Elia Maqueda
© de esta edición: 2021, Roca Editorial de Libros, S.L.
Av. Marquès de l'Argentera 17, pral.
08003 Barcelona
actualidad@rocaeditorial.com
www.rocalibros.com

Imprime LIBERDÚPLEX, S.L.U

ISBN: 978-84-17968-09-0
Depósito legal: B. 13453-2021

RE68090

Para Ruth.
Para Eunice, Veronica, Lestina y Maggie.

Fue vuestro amor. Vuestro amor fue la magia.

Quizás este sea todo el comienzo que necesitas,
aunque esté cogido con pinzas,
hecho con las manos,
tantas veces transmitido.
Aun así, es un comienzo, cariño,
y has luchado por él.

Rezumo melanina y miel.
Soy negra sin justificaciones.

Acostúmbrate a celebrarte
hasta la médula.
Eres magia.

Hoy y todos los días,
doy gracias por las mujeres de color
que aman/escriben/crean/emocionan
desde la raíz
y nunca
piden perdón por su magia.

Quiero pensar que Dios sonríe
cuando una mujer negra se atreve
a quererse a sí misma.

Niña de color en proceso de quererte,
si estos poemas te llegan en el día más triste,
puedes tragártelos sin masticar.

(Son tuyos, al fin y al cabo)

Desgraciadamente,
cuando el mar es tu frontera,
tienes que conformarte.
Tu hogar está lejos
y tu hambre de hogar
puede hacer que te duelan los huesos.
Por eso te estudias los supermercados
hasta que sabes dónde encontrar
carne de cabra
y
yuca
y
harina de maíz
y
harina de cacahuete
y
okra
y
pescado seco
y
hojas de calabaza,
comida que te refresque la memoria,
porque al final
tienes que conformarte.

Lo siento,
tu hogar está lejos
y
tienes hambre de él
y
ese mar terco no va a desaparecer.

A los niños con el sol en la risa los
   confunden con hombres
porque sus cuerpos se construyeron como los
   de los guerreros.

Dulces niños,
aún están creciéndoos los huesos.
Sois pequeños.
Sois amados.

Aquí estás,
negra y mujer y enamorada de ti misma.
Eres aterradora.
Están aterrados.

(Como debe ser)

Queridas hermanas de melanina,
nos necesitamos las unas a las otras.

Naciste con varios idiomas haciendo equilibrios
sobre tu lengua.
Tu familia son varias fronteras que conviven
bajo el mismo techo,
que discuten en la sangre.
Cariño,
estés donde estés
eres extranjera.

Recordadles a vuestras hijas de cabellos ensortijados
de piel resplandeciente como el cielo nocturno
que ellas también son milagros,
que ellas también son guerreras.
Recordadles a esas pequeñas almas de las diosas
que estaban destinadas a existir.

He amado esta piel desde antes de que exhalases tu aliento
  sobre ella.
No seré algo oscuro y hermoso
que puedas colgar.
No puedes exhibirme.
No estoy aquí por tu lástima
ni tampoco por tu placer.
Amarme nunca será una obra de caridad.

Cuéntale que hay diosas en sus huesos
y relatos triunfales en su piel.
Y que la negritud no es un pecado.

Demasiados hombres y mujeres con la piel de tierra
negados
y nublados
notables
y anegados en sangre
negros y necesitados
negros y nunca níveos.

Demasiadas personas con la piel de miel
naufragadas
y ennegrecidas
y noqueadas
y numeradas.

Demasiados niños de melanina acostados
temprano en cajas estrechas,
patios e iglesias
convertidos en tumbas y cementerios.

Demasiados bebés bellos y negros
recién salidos del vientre y enterrados.
Me desconcierta que la negritud…
esta santa negritud
esta sagrada negritud
¡esta bendita negritud!
se haya tornado sentencia
se haya tornado ofensa
delito
crimen
fechoría
y que, cuando la sangre negra sangra, sea menos importante,
sea un lugar común
sea de esperar.

Y que, cuando la sangre negra sangra,
el sistema no llore.

Cariño mío,
eres del color de la tierra
heredaste algo sagrado.

Que nadie silencie la bondad en tus huesos.
Que nadie te haga dudar de tu poder.
Eres importante.

Ser tan de ébano.
Tener este nombre.
Llevar este idioma en la boca.
Hubo una época en la que solo quería camuflarme,
pasar desapercibida,
no ser especial.
Pero camuflarse es atenuarse.

Ahora que conozco
la magia blanda de tu risa
y cómo se mueve tu cuerpo, como el arte,
¿por qué iba a querer volver atrás?
¿Qué había antes de ti?

Cariño,
tus huesos fuertes se formaron en un útero.
Naciste de la suavidad,
viniste de lo amable,
por favor, recuérdalo cuando ames.

Mi padre me dio las matemáticas.
Mi madre me dio la magia.
He usado ambas cosas para quererte.

Bésame de todas las formas.
Bésame de todas formas.

Yo estaba destinada a ti.
Amor,
¿qué importa el océano?

Te escribo poemas porque Dios instó al universo
    a la existencia,
así que no quiero oírte decir que las palabras son
    solo palabras,
que las palabras no dejan huella,
que no operan ningún cambio,
que no crean algo donde antes no había nada.

Apenas sabes cómo entregarte,
estás acostumbrada a que los hombres
te quieran a medias
y no te pidan nada por favor.
Por eso cuando él se arrodilló ante tu beso,
se postró en tus brazos,
no entendías que un hombre
pudiera enroscarse de una forma tan bella
ni pedirte de una forma tan tierna
un trozo,
un hueco en tu mundo.

Pero cariño,
tu amor siempre ha merecido
el esfuerzo del corazón.

Eres la respuesta a una plegaria que fui
demasiado orgullosa para elevar.

Amor,
trae toda tu miel
y todo tu daño.

Cuéntame todos los cuentos que empiezan en tu sonrisa
y terminan en tus ojos.

Fuiste lo primero fuera de mí
que miré y a lo que me sentí unida,
¿lo entiendes?

Tú
y yo
y todos nuestros vicios.

Amor,
no te creerías todos los lugares
donde pensé que te encontraría.

¿Seguro que no llevas el océano
en el pecho?
¿Montañas en los ojos?
¿El cielo en las caderas?
Porque
a mí empiezas a parecerme
el mundo entero.

Tengo mil poemas bailándome en el pecho
desde la primera vez que me besaste.

Estos huesos han cruzado mares para encontrarte.
Y, si se lo pidieran,
volverían a hacerlo.

Amor,
nos hemos sacado mutuamente de lugares solitarios.
¡Dime si no es eso mágico!

A veces me parece que te he soñado, cariño,
como si hubiera cerrado los ojos
y te hubiese creado.

Corazón,
avísame cuando estés listo.

Si te has levantado hoy y has decidido enfrentarte al mundo, estoy orgullosa de ti.
Si sigue costándote, estoy aquí para apoyarte.

Luchar contra la tristeza es una guerra necesaria.

Si nadie te ha dicho que eres valiente últimamente, lo haré yo.
Luchas contra la tristeza con todo lo que
tienes y por eso eres fuerte.

Tienes que elegir la felicidad una y otra vez.
Elígela cada mañana como escoges la ropa que te vas a poner.

Todavía estoy aprendiendo a hacer lenguaje
de mi dolor,
a escribir mis pesares.
Todavía estoy enseñándole a mi parte frágil
y a la fuerte
que pueden convivir.

Mi madre tiene cansadas hasta las manos.
Casi lo puedes notar cuando te abraza:
se inclina y te apoya los dedos en la espalda,
compartiendo un peso diminuto en secreto,
descargándose un poco.

Todavía estoy aprendiendo el arte de
dar
y
tomar
y
gozar.

Bwenzi,
sé que a veces la depresión te golpea con ganas,
pero sigue levantándote,
superviviente.

Cuidado con cómo decides amar a los demás,
no los destruyas,
no te destruyas.

Quizá llevemos los traumas de nuestras madres en los huesos,
las penas de nuestros padres en la sangre.

Lo siento,
quizás hayamos heredado algo de su dolor.

(lo que nos dieron sin pensar, lo que hemos
intentado devolver)

Aficiones actuales:
1. Amar a los hombres equivocados de la manera correcta.
2. Amar a los hombres correctos de la manera equivocada.

Cariño,
no hay monedas de una sola cara.
Soy miel y soy limón al mismo tiempo.

Me parezco a mi padre.
Me expreso como mi madre.
Así repartió el pastel Dios.

Algunos días las oraciones son el doble de fuertes
y el triple de largas,
algunos días tienen que ser así.

Cariño,
luchar contra la tristeza empinando el codo no le ha funcionado
a nadie de
tu estirpe por ahora.
Mejor cocina algo caliente.
Ponte ropa limpia,
saluda al día,
y emprende el trabajo de vivir.

Querida,
reúne todo el dolor de tu cuerpo
y dile que no naciste para estar rota.

Por favor, trata de no engañarte con la felicidad.
Te mereces todas las malditas oportunidades
y todos los malditos intentos.

La negación viene de familia.

En el centro de tu sanación estás tú,
siempre has estado tú,
siempre estarás tú.

Tú eres la cura.

Recuerda: hay amor aquí
en ti
esperando a que lo remuevas, lo sazones y lo sirvas.

Cuando creemos que no nos bastamos
a nosotros mismos
es cuando empezamos a buscar a otros en quienes ahogarnos.

Si te aman solo un poco,
no olvides
que no te corresponde a ti hacer magia
para conservar a quien prefiere no quedarse.

Muchas personas somos océanos
con amantes que nunca aprendieron a nadar.

El problema es
que algunas personas somos terriblemente tiernas
¡y se nos da fatal elegir amantes!
Y a veces parece que queremos el amor
más de lo que el amor nos quiere a nosotras.

¿Por qué te da tanto miedo amar a una mujer fuerte?

Señor,
durante nueve meses usted también nadó en la sangre de su madre.
¿Cómo puede odiar a las mujeres con
tantas ganas

si cada hueso de su cuerpo se originó en una?

No me da pena que ya no podamos compartir habitación
sin que las paredes se estrechen,
sin que los muebles suden.
Cariño,
creamos todo este calor entre los dos.
Solíamos arder el uno para el otro,
¿te acuerdas?

traducción aproximada

Este mar enorme que es mi cuerpo te extraña.
Ven a nadar, cariño.
Ven a nadar.

Bwenzi, ndine nyanja.
Dzandisambire.

Amor mío,
siento que no podamos apartar a base de oraciones el mar que
nos separa.

Amar a alguien que no te ama
siempre será un esfuerzo ingrato del corazón.

Créeme,
sé cómo repararme
cómo curarme
y arder
y doblarme
y moldearme.
Sé cómo convertirme en algo nuevo,
así que no te quedes por pena,
déjame rota
que yo encontraré el camino de vuelta a la plenitud.

A los hombres que me dieron amor inconsistente:
sobreviví a vosotros.

Ha encontrado galaxias
entre los muslos de otras chicas
y de repente el mundo
que yo planeaba ofrecerle
no es suficiente.

No quiero ser menos yo si esa es la única forma
de conseguir más de ti.

Y algunos días
soy un país al que no deberías acercarte.
Un país en guerra consigo mismo.

Me dice que

añado distancia a la distancia
y que soy la razón por la que el océano parece infinitamente
    ancho
la diferencia horaria y las estaciones son inventos
    de mis manos,
porque intento demostrar que puedo romperle el
    corazón
una y otra vez
a miles de kilómetros de distancia
y seguir siendo la chica de sus sueños.

No le preguntes por qué se fue.
Recurrirá a la cobardía
y dirá que
fuiste más guerra que mujer
y que amarte fue una batalla.

Cuando tu silencio empiece a chocar con el bullicio de tu amado
y todo tu amor paciente se haya gastado
y te debatas entre quedarte e irte.

Muérdete la lengua.
Respira hondo.
Para un momento.
Relee tu libro preferido.
El amor a veces pesa, así que descansa el corazón un poco.

Y así
deja que el amor se preocupe por el amor un rato.

En esta vida tan, tan difícil
siempre habrá cosas debajo de las que salir reptando
y cosas de las que levantarse.

Recuerda:
después de pelearlo todo
siempre habrá una luz hacia la que caminar.

Encuentra algo bonito y respétalo.

Espero hacer con las palabras lo que los bailarines hacen con las extremidades.

Lo que les damos a los dioses en nuestras oraciones
es lo que recibimos de los demás.

Los poemas,
como los cuerpos,
llevan sangre
y agua
y pedazos de
todo aquel que nos ha amado.

Eres una mujer en busca de tu propio corazón.
Cariño,
eso es lo más valiente que puedes ser.

Cariño,
te mereces un menú completo de amor. Deja de picar entre horas.

Mi madre me dice que se crio sola.
Ella, que siempre ha sido sol
y lluvia para mí.
Me admira cómo logró sobrevivir y convertirse en
flor sin ninguna de ambas cosas.

Todas las mujeres hermosas que viven en tu sangre
están intentando enseñarte su magia blanda,
así que préstales atención.

Chica oscura,
sueña todos esos sueños.

A las madres
que nos dieron de comer poemas
hasta que en nuestras tripas
no quedó sitio para la inseguridad:

gracias.

1. No aceptes el amor de un hombre que
   te haga sentirte pequeña,
   el universo ya es lo suficientemente grande.

2. Por naturaleza, eres hermosa y completamente
   irremplazable.

3. No tienes que irte lejos para encontrar el amor
   y la validación; empieza desde dentro.

4. Los niños son niños y los hombres son hombres,
   diferéncialos.

5. Pasa tiempo sola, porque lo estás, pero no dejes
   que eso derive en soledad.

6. Recuerda seguir siendo buena.

7. No sigas enfadada con el mundo mucho tiempo.
   Busca la vida en las cosas pequeñas y deja
   la tristeza atrás.

8. Toca a alguien, con las manos o con
   el corazón, con las palabras o con el
   silencio. Compártete.

9. Celebra tu piel.

10. Sé tú misma y nunca te disculpes por
    ser alguien a quien amas.

A la niña en lucha con su cuerpo,
espero que encuentres un lugar donde deponer las armas.

Soy imperfecta.
Aun así, soy valiosa.
Aun así, soy poderosa.

Aun así, merezco cosas buenas.

Cariño,
las mujeres como tú son conocidas por llevar la guerra entre
    los dientes
y aun así poder deslizar palabras suaves desde la lengua,
los desarmas con tu capacidad para encajar
la guerra y la paz en tu cuerpo.

Niña,
¿quién te enseñó a estar tan callada?
¿A guardar la lengua dentro de la boca
con tanto esmero?

Debo prevenirte,
tengo gominolas blandas en los muslos.

Cariño,
recuerda huir de los hombres que te prometan
    la plenitud.
Tú ya estás completa.

Antes de que echaras caderas
ya te enseñaron
a ser una mujer
y
cuán mujer ser.

Tu abuela te dijo:

«Serás una mujer el día que puedas
coger las palabras fuertes
y triturarlas hasta hacerlas miel».

Ten esto presente:

Tu cuerpo es una bendición.
Donde se curva,
se hunde,
se arruga.
Donde ha sido marcado
y tocado.

Todo esto es un mapa de tu vida.

Tu cuerpo es memoria,
recuerdos dulces,
recuerdos tristes,
pero memoria al fin y al cabo.

Tu alma vive en una casa de historias.
Tu cuerpo es memoria.

Eres hermosa
y tus alas están hechas de todo lo que te han tirado
    a la cara,
todo lo que pretendía hacerte
aún más pequeña
en este universo grande.
Pero tú lo entretejiste todo,
todas esas cosas viejas e infelices,
e hiciste algo propio.

Qué criatura tan hermosa eres.
Qué criatura tan hermosa has sido siempre.

Querida madre,
espero heredar toda tu ternura
y el rigor con el que amas.

Y hoy
tus huesos han reunido tu piel
y han dicho

«Venga, hagámoslo de nuevo».

Criada en un hogar de lenguas afiladas,
conoces suficientes palabras como para
provocar un incendio con la boca.

Pero el caso es que has elegido la delicadeza
o la delicadeza te ha elegido a ti.

La primera vez
y todas las que sigan
recuerda no perderte en
la teoría de un hombre.

Por favor,
alimenta a tus hijos con la misma delicadeza con la que alimentas
a tus hijas.

Si eres un milagro sobre muslos estruendosos
envuelta en piel sagrada,
este es un poema
para recordarte que te detengas y sientas
la vida que viaja por tu cuerpo.
Eres muchas cosas buenas.
Eres muchas cosas buenas.
Eres muchas cosas buenas.

Guárdate algunos poemas delicados para ti.
Tú también necesitas tu amor.

Mi hogar es la voz de mi madre.

Cariño,
tu cuerpo no es un panteón
para las inseguridades de los demás.

Soy mía cada vez.

Descubrirás que tengo el color de mi abuela
y el corazón de mi madre.
Cielo,
estoy habitada por mujeres devotas.

Tu madre era un mito.
Tu padre era un cuento.
Pero eso nunca evitó que amaras profundamente.

Hasta la ausencia es maestra.

Cuando te ofrezcan amor fino,
no lo aceptes solo porque tengas la piel gruesa
ni porque alguien te dijera que las mujeres tienen que aguantar.

El amor, el único que importa, es íntegro.

Se está fraguando un romance aquí,
entre la felicidad y yo,
yo me la merezco y ella me merece a mí.

Este libro utiliza el tipo Aldus, que toma su nombre
del vanguardista impresor del Renacimiento
italiano, Aldus Manutius. Hermann Zapf
diseñó el tipo Aldus para la imprenta
Stempel en 1954, como una réplica
más ligera y elegante del
popular tipo
Palatino

Magia blanda
se acabó de imprimir
un día de otoño de 2021,
en los talleres gráficos de Liberdúplex, s.l.u.
Ctra. BV-2249, km 7,4, Pol. Ind. Torrentfondo
Sant Llorenç d'Hortons
(Barcelona)